Hojas para la Composición Musical

© Yarn on the Farm Activities Series
Yarn on the Farm ® es una marca registrada y la propiedad exclusiva de Walker Publications, LLC

Walker Publications®
www.walkerpublications.co
ISBN 978-1-64393-068-8
Hojas para la Composición Musical

...Putting Thoughts into Actions

WALKER PUBLICATIONS®

A la vanguardia de la "Nueva forma de hacer negocios", los libros de Walker unen la mente, el cuerpo y el espíritu para alentarlo a capturar sus recuerdos en tiempo real, y a la vez para acordarse de los momentos increíbles o para tener una larga discusión personal (solo tú y la página en blanco).

La música despeja tu mente, llama a tu corazón y captura el "usted de hoy" con las esperanzas, los deseos, los sueños y los recuerdos de usted mismo en cada canción.

TODOS LOS DERECHOS RESERVADOS. Este libro contiene material protegido por las leyes y los tratados internacionales y federales de derechos de autor. Se prohíbe cualquier reimpresión o uso no autorizado de este material. Ninguna parte de este libro puede ser reproducida o transmitida de ninguna forma o por ningún medio, ni electrónico ni mecánico, incluyendo las fotocopias, las grabaciones o por cualquier sistema de almacenamiento y recuperación de información, sin el permiso expreso por escrito del autor y del editor. Yarn on the Farm es una marca comercial que es la propiedad exclusiva de Walker Publications, LLC.

Yarn on the Farm es una marca registrada y la propiedad exclusiva de Walker Publications, LLC_

Prefacio

Gracias por seleccionar un libro de actividades de Yarn on the Farm: *Hojas para la Composición Musical.* ©

Nos encanta ser parte de su propio descubrimiento al crear los recuerdos, las nuevas aventuras, y las actividades de aprendizaje creativas que capturan sus ideas.

Si usted desea, consulte nuestros otros libros de Yarn on the Farm:
- *El cuaderno de bocetos —"Do-do-Doodily-do"* ©
- *El primer diario de la niña –"Tengo un secreto"* ©
- *El primer diario del niño –"¿Sabes lo que pasó?"* ©
- *Un diario guiado para contar las historias —"Cómo pasé mis vacaciones de verano"* ©
- *Un diario guiado para escribir una historia—"Cuéntame una historia"* ©
- *La composición musical básica (sin tabulaciones)* ©
- *La composición musical (con 6 tabulaciones)* ©

¿Le gustó el libro? ¡Déjenos un mensaje! ¡Nos encanta saber más de usted! Cuéntenos algo de su música o de sus ideas.

Página web: www.yarnonthefarm.com
Correo-e: yarnonthefarm1@gmail.com
Facebook: Yarn on the Farm

Saludos,

S L Walker - CEO

INTRODUCCIÓN

Este libro es para sus momentos musicales:
- Quizás que sea un diario musical que captura el día con notas y letras musicales.
- Podría ser un gran lugar para anotar esa melodía que despertaste tarareando.
- ¿Qué tal una revisión de un verso o una nueva línea de coro?

Las partituras en blanco esperan su inspiración. Escriba las notas solo o con la tablatura adjunta. Están en espera de ser tocadas por su lápiz.

Tabla para la práctica a diario

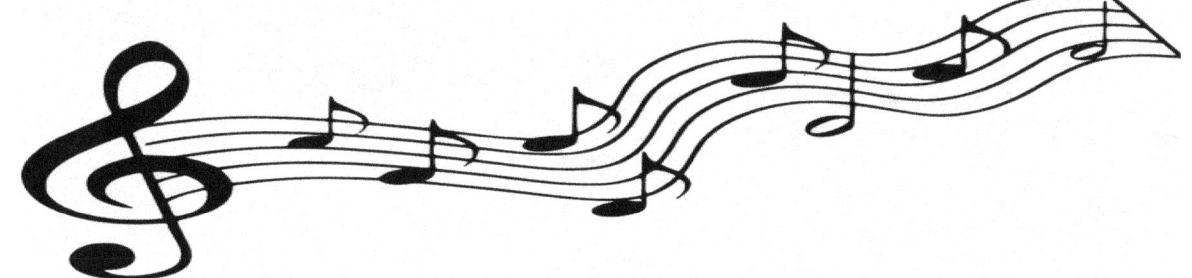

¡La práctica musical es divertida!

¡Comencemos por establecer una meta diaria para la semana!
¿Cuánto tiempo va a gastar practicando cada día?

La "X" muestra que practicó ese día y el número son los minutos que practicó.

Por ejemplo:

Meta	Lu	Ma	Mi	Ju	Vi	Sa	Do
35	X 35	X 25	X 40	X 35	X 15	X 45	

En algunos días, quizás que haya más tiempo registrado, y en otros menos, ¡y eso está bien!

Lo que importa de la práctica es que disfrute la música que está aprendiendo.

¡Lo más importante es practicar cada día!

Tabla para la práctica a diario

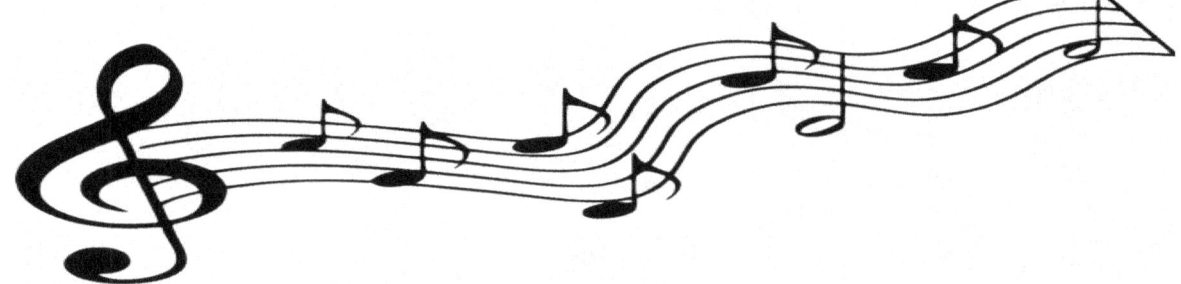

Meta	Lu	Ma	Mi	Ju	Vi	Sa	Do

¿Ocupa más tablas de práctica? Visítenos en www.yarnonthefarm.com para obtener más cuadros de práctica gratuitos.

Fecha: **Firma:**

Fecha: **Firma:**

Fecha: **_Firma:_**

Fecha: ***Firma:***

Fecha: **Firma:**

Fecha: *Firma:*

Fecha: **Firma:**

Fecha: ***Firma:***

Fecha: **Firma:**

Fecha: *Firma:*

Fecha: **Firma:**

Fecha: **_Firma:_**

Fecha: **Firma:**

Fecha: *Firma:*

Fecha: **Firma:**

Fecha: ***Firma:***

Fecha: **_Firma:_**

Fecha: ***Firma:***

Fecha: **Firma:**

Fecha: **Firma:**

Fecha: **_Firma:_**

Fecha: *Firma:*

Fecha: **Firma:**

Fecha: ***Firma:***

Fecha: **Firma:**

Fecha: *Firma:*

Fecha: **_Firma:_**

Fecha: **Firma:**

Fecha: **Firma:**

Fecha: *Firma:*

Fecha: **Firma:**

Fecha: **Firma:**

Fecha: **Firma:**

Fecha: *Firma:*

Fecha: *Firma:*

Fecha: **Firma:**

Fecha: **_Firma:_**

Fecha: ***Firma:***

Fecha: **Firma:**

Fecha: **Firma:**

Fecha: **_Firma:_**

Fecha: *Firma:*

Fecha: **Firma:**

Fecha: *Firma:*

Fecha: *Firma:*

Fecha: *Firma:*

Fecha: **Firma:**

Fecha: **_Firma:_**

Fecha: ***Firma:***

Fecha: ***Firma:***

Fecha: **Firma:**

Fecha: **Firma:**

Fecha: ***Firma:***

Fecha: ***Firma:***

Fecha: **Firma:**

Fecha: **Firma:**

Fecha: **Firma:**

Fecha: ***Firma:***

Fecha: **Firma:**

Fecha: ***Firma:***

Fecha: **Firma:**

Fecha: ***Firma:***

Fecha: **_Firma:_**

Fecha: **Firma:**

Fecha: **Firma:**

Fecha: *Firma:*

Fecha: **Firma:**

Fecha: **Firma:**

Fecha: ***Firma:***

Fecha: **Firma:**

Fecha: **Firma:**

Fecha: ***Firma:***

Fecha: **Firma:**

Fecha: **Firma:**

Fecha: **Firma:**

Fecha: **Firma:**

Fecha: **Firma:**

Fecha: *Firma:*

Fecha: **_Firma:_**

Fecha: **Firma:**

Fecha: **Firma:**

Fecha: *Firma:*

Fecha: **Firma:**

Fecha: **Firma:**

Fecha: **Firma:**

Fecha: *Firma:*

Fecha: **Firma:**

Fecha: **Firma:**

Fecha: **Firma:**

Fecha: ***Firma:***

Fecha: **Firma:**

Fecha: **Firma:**

Fecha: **Firma:**

Fecha: *Firma:*

Fecha: **Firma:**

WALKER PUBLICATIONS®

© Yarn on the Farm Activities Series

Yarn on the Farm® es una marca registrada y la propiedad exclusiva de Walker Publications, LLC

Walker Publications se especializa en atraer a los escritores únicos con enfoques innovadores. Los autores novatos y experimentados descubren que el proceso de Walker es simple, con un personal receptivo para ayudarlos en el paso a la publicación.

A la vanguardia de la *"Nueva forma de hacer negocios"*, los escritores de Walker unen la mente, el cuerpo y el espíritu en la esencia de sus escritos para ofrecer las obras holísticas y relevantes a los individuos, los grupos y las organizaciones.

Mejorar las vidas de muchos vía la dedicación de unos pocos depene de... actualizar los pensamientos.

E:walkerpublications3@gmail.com
W: **www.walkerpublications.co**
Twitter: **@walker_pubs**
Facebook: Walker Publications

NOTAS:

NOTAS:

www.ingramcontent.com/pod-product-compliance
Lightning Source LLC
Chambersburg PA
CBHW080940040426
42444CB00015B/3387